L'HÉROÏNE AMÉRICAINE,

PANTOMIME

EN TROIS ACTES;

Par M. ARNOULD.

Représentée, pour la première fois, sur le Théatre de l'Ambigu-Comique, à la Foire Saint-Germain, le 16 Mars 1786.

Prix douze sols.

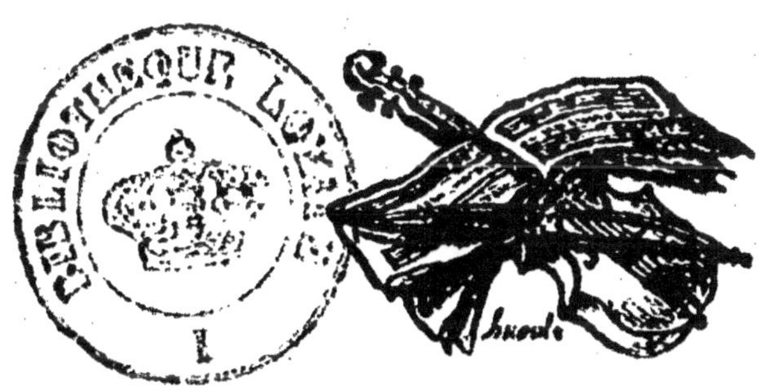

A PARIS,

Chez GUILLOT, Libraire de MONSIEUR, frère du ROI, rue Saint-Jacques, vis-à-vis celle des Mathurins.

M. DCC. LXXXVI.

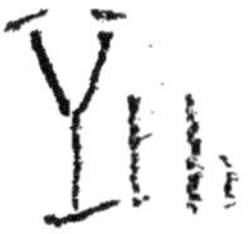

AVERTISSEMENT
NÉCESSAIRE.

LE trait ſuivant, rapporté dans l'*Hiſtoire Philoſophique & Politique des Etabliſſemens & du Commerce des Européens dans les deux Indes*, a fourni le ſujet de cette Pantomime. Voyez tome V, page 271. « Des Anglois débarqués ſur les Côtes » du Continent pour y faire des Eſcla- » ves, furent découverts par les Caraïbes » qui ſervoient de butin à leurs courſes. » Ces Sauvages fondirent ſur la troupe » ennemie, qu'ils mirent à mort ou en » fuite. Un jeune homme, long-temps

» poursuivi, se jetta dans un bois. Une » Indienne l'ayant rencontré, sauva ses » jours, le nourrit secrétement, & le » reconduisit après quelque temps sur les » bords de la mer. Ses Compagnons y » attendoient à l'ancre ceux qui s'étoient » égarés : la chaloupe vint le prendre. » Sa libératrice voulut le suivre au vaiss- » seau. Dès qu'ils furent arrivés à la » Barbade, le monstre vendit celle qui » lui avoit conservé la vie, qui lui avoit » donné son cœur avec tous les senti- » mens & tous les trésors de l'amour. » Pour réparer l'honneur de la Nation » Angloise, un de ses Poëtes a dévoué » lui-même à l'horreur de la postérité ce » monument infâme d'avarice & de perfi- » die. Plusieurs langues l'ont fait détester » des Nations ».

On a ſuivi, le plus qu'il a été poſſible, ce ſujet hiſtorique; les changemens qu'on s'eſt permis, étoient néceſſités par l'action théatrale.

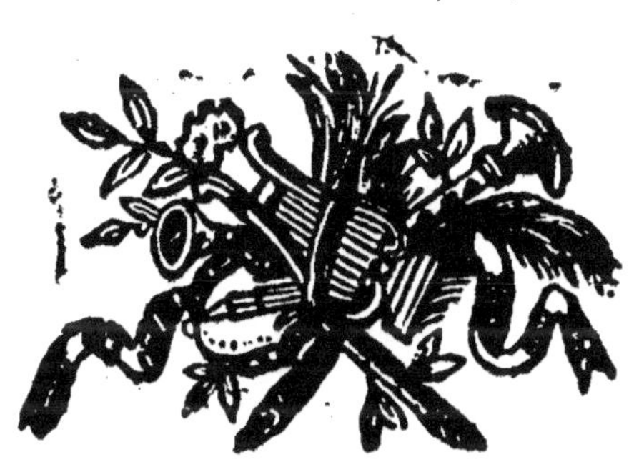

PERSONNAGES.

INKLE.	Le Sr Talon.
UN CAPITAINE de Vaisseau Anglois,	Le Sr Jaimon.
JARIKA,	La D[lle] Julie.
UN CHEF de Sauvages,	Le Sr Varennes.

TROUPE DE SOLDATS ANGLOIS.

TROUPE DE SAUVAGES.

La Scène est en Amérique.

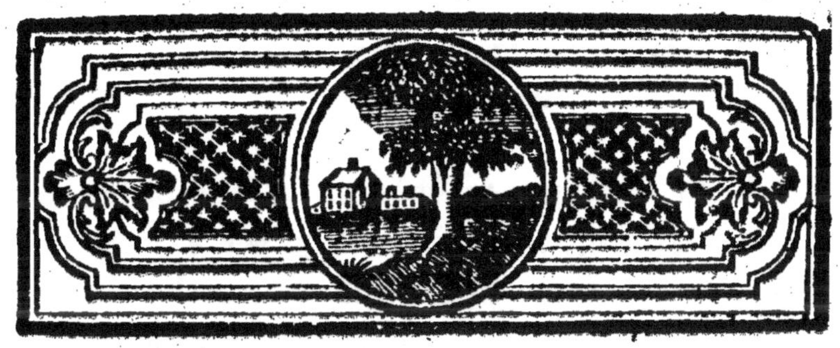

L'HÉROÏNE AMÉRICAINE,

PANTOMIME.

ACTE PREMIER.

Le Théatre représente une Forêt. Dans le fond, & sur le côté gauche, est une Cabane.

SCENE PREMIERE.

INKLE, à la tête de quelques Soldats, conduit deux Femmes Caraïbes enchaînées. Ils traversent la forêt, & dirigent leurs pas du côté de la mer.

SCENE II.

Jarika sort avec précaution de sa cabane, & cherche d'où provient le bruit qu'elle a entendu. Elle apperçoit Inkle arrêté dans sa marche par les Sauvages, & se retire promptement dans sa cabane.

SCENE III.

Inkle, les cheveux en désordre, & son épée rompue dans les mains, revient sur ses pas, & traverse précipitamment la forêt, poursuivi par une troupe de Sauvages.

SCENE IV.

Jarika sort de sa cabane, & suit des yeux l'Officier Anglois, au sort duquel elle paroît par degrés prendre le plus vif intérêt. Son geste exprime combien elle appréhende qu'il ne tombe entre les mains de ses ennemis. Le moment lui paroissant favorable, elle s'élance dans la forêt, dans le dessein de le délivrer.

SCENE V.

Les Sauvages, qui étoient à la poursuite d'Inkle, reviennent & paroissent furieux de ce que l'ennemi leur est échappé. Après avoir visité la cabane de Jarika & ses environs, ils disparoissent en continuant leurs recherches.

SCENE VI.

Jarika s'avance, & ſuit de l'œil les Sauvages. Sa joie éclate en voyant qu'elle a ſauvé les jours de celui qu'elle aime.

Elle retourne auſſi-tôt ſur ſes pas, & revient en conduiſant Inkle par la main.

SCENE VII.

Touché de la beauté de la jeune Américaine, & pénétré de reconnoiſſance pour le ſervice qu'elle vient de lui rendre, Inkle lui donne des témoignages de l'amour le plus tendre. Jarika eſt enchantée de voir ſon amant répondre à ſa tendreſſe. Elle le prend par la main, & le conduit à ſa cabane, où elle l'invite à prendre quelque repos, pendant qu'elle ira dans les bois pourvoir à ſa nourriture. Elle s'arme de ſon arc, & s'enfonce dans la forêt, en recommandant à ſon amant de ne point s'expoſer à la fureur des Sauvages, en ſortant avant ſon retour de l'endroit où elle le laiſſe.

SCENE VIII.

INKLE ſemble oublier le ſort dont il eſt menacé, pour ne s'occuper que du plaiſir de revoir bientôt l'objet de ſa tendreſſe. Enfin, accablé, épuiſé de fatigue, il ſe couche ſur une natte de jonc qui eſt à l'entrée de la cabane, & eſſaye de prendre quelque repos.

SCENE IX.

JARIKA accourt; elle apporte du gibier & des fruits. Arrivée près de la cabane, elle s'arrête tout-à-coup en appercevant Inkle endormi. Elle s'approche en obſervant de faire le moins de bruit poſſible, dans la crainte de troubler ſon repos, s'aſſied à ſes pieds, & le conſidère avec l'attention la plus affectueuſe.

Peu-à-peu Inkle s'éveille. Jarika treſſaille de joie; elle ſe hâte de lui préſenter des fruits, & l'engage, de la manière la plus tendre, à en manger. Elle court enſuite à un ruiſſeau voiſin, & lui apporte de l'eau pour le déſaltérer.

Un bruit confus ſe fait entendre au loin. Jarika tremblante pour les jours de ſon amant, & voyant les Sauvages s'avancer, conduit promptement Inkle dans une grotte voiſine pour le dérober à leur pourſuite.

SCENE X.

LES Sauvages paroiſſent. Déſeſpérés de voir que leur ennemi a diſparu, & perſuadés que la jeune Américaine l'a ſouſtrait à leurs regards, ils ſe ſaiſiſſent d'elle, & la menacent de la mort ſi elle ne leur découvre l'endroit où l'Etranger s'eſt retiré. Jarika n'eſt point intimidée de leurs menaces. Les Sauvages ont déjà le ſabre levé ſur ſa tête : prête à recevoir le coup de la mort : plutôt que de trahir son amant, elle se jette à genoux, se couvre les yeux de ses deux mains, & attend courageusement le sort qui lui est préparé.

Inkle paroît à l'entrée de la grotte. Effrayé du spectacle qui s'offre à ses yeux, il rentre promptement dans le creux du rocher.

SCENE XI.

SURVIENT à l'instant le Chef des Sauvages; il leur défend de frapper, & leur ordonne de s'éloigner. Ils obéissent.

SCENE XII.

IL s'approche de Jarika, en l'assurant qu'elle n'a plus rien à craindre. Il l'examine, lui déclare qu'il la trouve belle, & l'engage à s'attacher à lui. Elle lui répond avec franchise qu'elle a déjà donné son cœur, & que rien ne seroit capable de lui faire changer de sentiment.

SCENE XIII.

PLUSIEURS Sauvages accourent, & annoncent à leur Chef l'arrivée d'un second vaisseau. Il quitte promptement Jarika, en lui disant qu'il va tâcher, par son courage, de mériter le bonheur de lui plaire, & court avec ses compagnons du côté où ils ont apperçu l'ennemi.

SCENE XIV.

JARIKA vole à l'endroit où elle a fait cacher son amant. Elle lui apprend l'arrivée d'un vaisseau de sa Nation, l'invite à se rendre avec elle sur le bord de la mer, & lui demande avec les plus vives instances la permission de partir avec lui, si elle parvient à le conduire au vaisseau. Inkle y consent avec plaisir. Ils sortent tous deux par un chemin opposé à celui des Sauvages.

Fin du premier Acte.

ACTE II

Le Théatre représente un Paysage aride ; dans le fond, une chaîne de rochers contre lesquels la mer vient se briser. On apperçoit dans le lointain un Vaisseau Anglois à l'ancre.

SCENE PREMIERE.

JARIKA conduit Inkle par la main, en prenant toutes les précautions possibles pour n'être point apperçue des sauvages. Arrivés au bord de la mer, elle s'empresse de lui montrer le vaisseau qu'on apperçoit au loin. Inkle l'ayant reconnu pour un vaisseau de sa nation, s'abandonne aux transports de la joie la plus vive, & assure l'Américaine de toute sa reconnoissance, pour les services signalés qu'elle vient de lui rendre.

Un bruit confus se fait entendre. Ce sont les Sauvages qui viennent reconnoître l'ennemi. Jarika entraîne Inkle parmi les rochers, pour le dérober à leurs regards.

SCENE II.

Dans la crainte d'être surprise par les Anglois, dont le débarquement vient de se faire, le Chef des Sauvages ordonne à ses compagnons de le suivre pour se préparer à les combattre.

SCENE III.

Un régiment Anglois s'avance en bon ordre. Le Capitaine en forme trois divisions, qu'il envoie à à la découverte en différens endroits.

SCENE IV.

Le Chef des Sauvages, qui s'est apperçu de la manœuvre de l'ennemi, fait avancer ses compagnons, dont il forme aussi trois divisions, auxquelles il ordonne de prendre le même chemin que les Anglois.

SCENE V.

Une des trois divisions Angloises revient sur ses pas pour observer les mouvemens des Sauvages; mais elle se reploie bien-tôt sur elle-même pour se mettre en embuscade, & attendre un moment plus favorable de fondre sur l'ennemi.

SCENE VI.

Inkle, qui, dans sa suite avec Jarika, a été rencontré par les Sauvages, arrive, poursuivi par cinq d'entr'eux, qui l'entourent, & contre lesquels il ne lui reste plus aucun moyen de défense.

SCENE VII.

JARIKA paroît furieuſe, elle s'élance ſur un des Sauvages, lui enlève ſa maſſue, & ſe range à côté d'Inkle, qu'elle couvre de ſon corps en s'expoſant aux coups qu'on lui porte. A cette action fière & généreuſe, le courage d'Inkle ſe ranime; & joignant ſes efforts à ceux de l'Américaine, ils forcent bientôt à eux deux ſeuls, les quatre Sauvages à prendre la ſuite.

SCENE VIII.

DEUX diviſions Angloiſes arrivent, pourſuivies de près par les Sauvages. Alors la diviſion qui étoit en ambuſcade ſort & fond impétueuſement ſur eux & les prennent en flanc. On attaque & on ſe défend de part & d'autre. La victoire, après avoir reſté quelque temps indéciſe, ſe déclare enfin en faveur des Anglois. Les Sauvages prennent la ſuite, à leur tour, & ſe retirent en déſordre, pourſuivis par les Anglois.

SCENE IX.

UN détachement Anglois revient en conduiſant une troupe de Sauvages qui ont été faits priſonniers, & qui ſont enchaînés deux à deux. Le Capitaine ordonne qu'on les conduiſe au vaiſſeau.

SCENE X.

INKLE vient trouver le Capitaine à qui il se fait connoître. Il lui présente Jarika comme une personne qui lui a rendu les plus grands services. Touché de la beauté de la jeune Américaine, le Capitaine devient jaloux du bonheur d'Inkle. Il ordonne à ses troupes de se préparer à une seconde expédition contre les Sauvages. Elles défilent par différens chemins, & le Capitaine, Inkle & Jarika se retirent pour aller prendre quelque repos.

Fin du second Acte.

ACTE III.

ACTE III.

Même décoration qu'au second Acte.

SCENE PREMIERE.

JARIKA est endormie au pied d'un arbre. Inkle, assis près d'elle, paroît plongé dans une rêverie profonde.

On entend au loin deux coups de canon qui partent du vaisseau.

Inkle se lève, en observant de faire le moins de bruit possible, dans la crainte d'éveiller Jarika, & fait quelques pas du côté de la mer.

SCENE II.

LE Capitaine, accompagné de quelques soldats, vient avertir Inkle que le vaisseau va bientôt mettre à la voile. Jarika endormie frappe ses regards. Il s'en approche & paroît indécis sur le parti qu'il doit prendre. Un soldat qui croit s'appercevoir de ce qui se passe dans son ame, lui propose d'enchaîner l'Américaine, & de la conduire sur son bord. Le Capitaine hésite.

SCENE III.

INKLE revient sur ses pas. Etonné de l'action à laquelle se dispose le soldat, il veut en témoigner ſon reſſentiment au Capitaine, lorſque celui-ci lui préſente une bourſe, en lui propoſant de lui vendre Jarika comme eſclave. Inkle héſite, le Capitaine s'en apperçoit & profite de cet inſtant pour le décider, en lui mettant une ſeconde bourſe dans la main. Ebloui par la quantité d'or que renferment les deux bourſes, & vaincu par les inſtances du Capitaine, Inkle conſent enfin à abandonner celle qui lui a ſauvé la vie en expoſant pluſieurs fois la ſienne.

Le ſoldat ſaiſit cet inſtant pour paſſer, avec beaucoup de précaution, un anneau de la chaîne au bras de Jarika, dans la crainte de l'éveiller.

SCENE IV.

Le Chef des Sauvages paroît ſur le haut d'un rocher, & examine avec l'attention la plus marquée ce qui ſe paſſe.

Jarika s'éveille, apperçoit Inkle à quelques pas d'elle, ſe lève précipitamment, & court à l'objet de toute ſa tendreſſe. Elle veut le ſerrer dans ſes bras; la chaîne dont eſt chargée ſa main frappe ſes regards; interdite, effrayée, ſes yeux ſe fixent ſur ceux d'Inkle, qui dans l'inſtant détourne les ſiens, & ſemble vouloir ſe dérober à ſa vue. L'infortunée Américaine ne peut ſe perſuader que ſon amant ſoit aſſez lâche pour l'avoir vendue à ſon ami. Elle veut ſe jetter à ſes genoux; mais Inkle, en s'éloignant, lui déclare que tout eſt rompu entr'eux, & qu'elle appartient au Capitaine. Tremblante, les yeux baignés de larmes, elle tend les bras vers ſon amant; ſa douleur lui laiſſe à peine la force de ſe ſoutenir; elle ne cherche plus qu'à exciter du moins ſa compaſſion.... Inkle eſt inflexible, & le Capitaine ordonne à Jarika de ſe préparer à le ſuivre.

Le Chef des Sauvages, révolté de cette atrocité, ſe retire en ſe promettant d'en tirer une prompte vengeance.

SCENE V.

On vient annoncer au Capitaine qu'il n'eſt point en ſûreté dans cet endroit; que les Caraïbes reprennent les armes, & ſe diſpoſent à recommencer le combat. Il remet l'Américaine entre les mains de quelques ſoldats, en leur ordonnant de ſe rendre promptement au vaiſſeau, & ſe retire avec Inkle.

SCENE VI.

Le Chef des Sauvages paroît. Ses compagnons arrivent de différens côtés. Il les raſſemble, les range en pelotons, ſe met à leur tête, & court à l'ennemi qui ſe diſpoſe à ſe rembarquer.

SCENE VII.

Une troupe de Femmes ſauvages arrive. Elles ſemblent craindre les ſuites du combat qui ſe prépare ; elles regardent au loin, & annoncent par leur différens mouvemens l'impreſſion de crainte ou d'eſpérance que fait ſur elles le combat dont le bruit ſe fait entendre dans le lointain : peu-à-peu ce bruit augmente les combattans s'approchent, & les femmes ſe retirent.

SCENE VIII.

UNE troupe de Sauvages revient ſur ſes pas, pourſuivie par un détachement anglois. Ils s'enfoncent dans la forêt.

SCENE IX.

QUELQUES femmes ſauvages reviennent & paroiſſent dans la plus cruelle agitation.

Arrive le Chef, tenant la jeune Américaine d'une main, & ſon ſabre de l'autre. Il lui ôte ſes chaînes, lui rend généreuſement la liberté, & la remet entre les mains des femmes ſauvages pour veiller à ſa ſûreté.

SCENE X.

INKLE accourt pour reprendre Jarika. Il fond impétueuſement ſur le Chef des Sauvages ; les femmes ſe retirent & emmenent l'Américaine preſque malgré elle.

Il ſe livre un combat vif & opiniâtre entre Inkle & le Chef ; celui-ci eſt ſur le point d'être victorieux ; Inkle commence à s'affoiblir.

SCENE XI.

SURVIENT tout-à-coup le Capitaine, qui se joignant à Inkle, rend la partie trop inégale pour que le Chef puisse résister plus long-temps. Il est au moment d'être massacré, lorsqu'arrive aussi-tôt une troupe de Sauvages qui le dégage, & enveloppe Inkle qui est fait prisonnier & que l'on entraîne.

SCENE XII.

LE Capitaine qui a trouvé le moyen de se débarrasser, reparoît sur le champ à la tête d'un détachement de ses troupes; mais trouvant une résistance opiniâtre dans le Chef & ses compagnons, il est enfin obligé de céder & de prendre la fuite.

SCENE XIII.

LES Sauvages restés maîtres du champ de bataille, se rassemblent & se remettent en ordre.

L'instant d'après, on entend quelques coup de canon qui annoncent le départ du vaisseau.

Un Sauvage vient annoncer que les ennemis ont disparus, & que leur vaisseau vient de mettre à la voile.

Les Sauvages demandent au Chef la mort d'Inkle, pour les venger des incursions & des cruautés des Anglois. Il la leur promet, & se retire avec eux.

SCENE XIV.

Jarika réduite au désespoir par la perfidie de son amant, quitte les femmes qui tâchoient d'adoucir ses chagrins, & vient chercher quelque endroit écarté où elle puisse, en liberté, se livrer tout entière à sa douleur.

Une fête bruyante qui s'annonce au loin, & qui paroît s'approcher, l'oblige à se retirer.

SCENE XV.

Marche composée de Sauvages, hommes & femmes. Ils arrivent en dansant. On prépare le poteau où doit être attaché le prisonnier.

Inkle enchaîné, est conduit par quatre Sauvages, dont deux sont armés, l'un d'un scapel, & l'autre d'un casse-tête.

Cérémonies ordinaires des Sauvages lorsqu'ils se disposent à faire mourir un prisonnier.

Il est conduit & attaché au poteau. On allume le feu. Le Chef est au moment de donner le signal pour commencer les tourmens qu'ils ont coutume de faire souffrir à leurs prisonniers, lorsque Jarika éperdue, accourt & lui retient le bras. Elle le supplie avec les plus vives, les plus tendres instances de lui accorder la grace de son perfide amant. Le Chef, après avoir hésité sur le parti qu'il doit prendre, finit par la lui refuſer. Voyant que ſes prières ſont vaines, elle s'éloigne, tire un poignard & menace de ſe donner la mort, s'il ne lui accorde pas ſa demande. Le Chef, effrayé de ſon action, court à elle, la déſarme, & lui reproche ſon amour pour un traître qui, pour prix de ſa tendreſſe a eu la cruauté de la livrer à l'eſclavage. Pour toute réponſe, Jarika tombe à ſes genoux & redouble ſes inſtances. Le Chef attendri, touché de la généroſité de la jeune Américaine, pour laquelle il conſerve toujours la paſſion la plus vive, ſe laiſſe fléchir, & lui accorde enfin la grace qu'elle demande.

Tous les Sauvages font un mouvement de mécontentement; mais le Chef, d'un ſeul regard, leur en impoſe & les réduit au ſilence.

Jarika treſſaille de joie, elle vole à ſon amant, & lui ôte avec le plus vif empreſſement ſes chaînes. Elle les conſidère un inſtant, frémit en ſe rappellant que ce ſont les mêmes dont on s'eſt ſervi, lorſqu'il l'a vendue au Capitaine, & les jette au loin avec effroi.

INKLE confus, humilié de trouver tant de généroſité dans une femme qu'il a ſi cruellement outragée, tombe à ſes genoux qu'il veut embraſſer. Elle friſonne, le repouſſe avec dédain, en lui faiſant ſentir quelle différence elle met entre l'infamie de sa conduite & la noblesse de celle du Chef des Sauvages. Elle *voue une haine éternelle à lui & à sa nation ;* offre sa main au Chef, qui la reçoit avec la plus vive reconnoissance, & ordonne froidement à Inkle de s'éloigner. Il veut essayer de la fléchir, mais quelques Sauvages s'avancent & le contraignent à se retirer. Il part, le cœur déchiré par ses remords.

Les Sauvages témoignent par un geste qu'ils approuvent l'Américaine & leur Chef ; ils se livrent à la joie, & se préparent à célébrer leur union.

Un divertissement général termine la Pantomime.

Lu & approuvé pour la représentation de la Pantomime, & l'impression du Programme, le 4 Mars 1786.

STUARD.

Vu l'approbation, permis d'imprimer. A Paris, ce 4 Mars 1786.

DECROSNE.

De l'Imprimerie de la Veuve BALLARD & Fils, rue des Maturins.

www.ingramcontent.com/pod-product-compliance
Lightning Source LLC
LaVergne TN
LVHW020632110826
845149LV00004B/1146

* 9 7 8 2 0 1 9 1 9 2 5 3 2 *